PATRICK SANSANO

LA PASSION POUR MURIEL BAPTISTE,

JOURNAL 1973-74

Montélimar, 1er janvier

Fan de « Amicalement vôtre », je regarde le film « La grande course autour du monde » en raison de la présence de Tony Curtis au générique.

Malheureusement, et je vais vite m'en rendre compte, ces films-là (à part « Certains l'aiment chaud ») sont souvent médiocres et constituent une perte de temps. J'étais trop jeune pour m'en rendre compte début 1973.

Sur la 3ᵉ chaîne, que très peu de téléspectateurs captent, Muriel Baptiste va jouer dans un épisode de l'anthologie « Témoignages » : « Un grand peintre », ce qui va évidemment générer chez moi une immense frustration.

Pour ceux qui n'ont pas lu mon journal 1972, j'éprouve pour Muriel Baptiste, actrice découverte dans « La princesse du rail » puis « Les rois maudits », une véritable passion amoureuse. Je suis encore sous le choc de son interprétation de Marguerite de Bourgogne, je porte à mon doigt une chevalière avec un « M » pour Muriel gravé à l'intérieur, je ne vis que pour elle. Elle a envahi toutes pensées et occulté tout ce qui faisait mon quotidien d'adolescent de treize ans.

Muriel va jouer à la télévision jusqu'au 24 avril pour ne plus reparaître ensuite de toute l'année. C'est la raison pour laquelle ce journal s'étend beaucoup sur les quatre premiers mois pour survoler les autres. Pour 1974, elle revient les 9 février, 6 mars et 26 juillet pour les trois dernières apparitions de sa carrière. Là également, le journal ne commentera pas l'année complète.

En janvier 1973, Muriel Baptiste est au sommet de sa gloire après la diffusion des « Rois maudits ». Je ne pense qu'à elle et la crois promise à un grand avenir. La grande question que je me pose est de savoir quand je vais la revoir, puisque je ne connais qu'un seul de ses films TV à venir, « La double vie de mademoiselle de La Faille ».

2 janvier

Tony Curtis à nouveau présent à l'antenne, cette-fois pour présenter un spectacle de cirque à 17h40 dans les émissions pour les enfants.

Je le regarde donc, sans éprouver le plaisir que j'ai à le voir dans son personnage de Danny Wilde dans « Amicalement vôtre ».

J'ai beaucoup de chance d'aimer Muriel Baptiste et pas sa partenaire des « Rois maudits » Catherine Hubeau, qui est la vedette du premier feuilleton de la 3e chaîne, « Les fleurs succombent en Arcadie ». Je crois que si Muriel avait été la place de Catherine, j'en aurais fait une maladie.

Très bon western le soir sur la 2 : « Le train sifflera trois fois », avec Gary Cooper et Grace Kelly, et la superbe chanson « Si toi aussi tu m'abandonnes ».

3 janvier

Premier épisode d'une série qui remplace « Les globe-trotters » sur la 2 à 15h10 : « Voyage au fond des mers ». Je suis dérouté par l'aspect science-fiction trop prononcé et perd vite le fil. Je ne regarderai plus qu'un seul épisode de la série, « Créature de feu ».

Par contre, le camarade asiatique qui est arrivé en classe de quatrième en cours d'année aime la série qu'il appelle, à tort, « Vingt mille lieues sous les mers ». Il s'est inscrit au cours de catéchisme à 14h00 chaque mercredi, que je fréquente avec mon ami Francis, et qui est dirigé par le père Canin, un prêtre moderne. C'est un prêtre ouvrier.

Le soir, troisième épisode des « Rois maudits » : « Les poisons de la couronne », mais Muriel Baptiste ne figure plus au générique, son personnage ayant été tué à la fin du deuxième. L'actrice Monique Lejeune se dénude dans cet épisode, et l'un de mes camarades, lorsque je dirai que j'aime la série, me rétorquera : « Tu dis cela car l'on y voit des femmes à poil ».

Comme immense consolation, j'ai la joie de trouver en bureau de tabac un magazine qui va durer le temps de trois numéros, Télé Succès, édité par Tallandier, et parle des

« Rois maudits ». Une immense photo de Muriel en couleur dans la série, en pleine page, y figure. C'est la deuxième que je possède d'elle en couleur après la couverture de Télé Poche du 12 juillet 1972.

Dans les prévisions de programmes à venir de Télé Poche ce mercredi 3, je ne trouve rien avec Muriel.

4 janvier

Septième épisode des « Gens de Mogador », qui démarre le cycle « Ludivine » avec Marie-France Pisier. Voilà une saga que je regarde en manquant d'attention, car je rêve en permanence à Muriel Baptiste. Je suis dans un état second de songe constant. Il y a au moins cinq ou six personnages que Muriel aurait pu interpréter tant les rôles féminins sont nombreux.

Mogador parle d'histoires d'amour, et je me sens concerné. Depuis juillet, mon cœur bat à tout rompre pour une comédienne. De plus, la série se déroule en Provence, terre que j'ai toujours chérie. Certaines scènes se déroulent en Avignon.

5 janvier

L'après-midi, je découvre le comédien Henry Silva dans le 14e épisode de « Match contre la vie » : « Mort d'un chef de bande », dont l'action se déroule dans les méandres de la mafia.

Troisième épisode de « Columbo », intitulé « Faux témoin ». Je n'ai pas regardé les deux premiers pendant les fêtes de Noël. Cette série donne un coup de vieux certain à toutes les séries américaines que les français regardaient jusque là comme « Mannix » et « L'homme de fer ».

6 janvier

15e épisode de « Match contre la vie » : « Les bolides ». Comme dans le 3e épisode « Records du monde », Paul joue les pilotes de course.

A 21h30, début d'une troisième saison de « L'homme de fer », toutefois l'ORTF choisit une sélection d'épisodes inédits de la première saison américaine afin de ne pas dérouter les téléspectateurs français. Aux USA, la distribution a changé et Barbara Anderson, qui incarne Eve Whitfield, a été remplacée par Elizabeth Baur, vedette de la série western « Le Ranch L » dans le rôle de Fran Belding.

C'est un de ces samedis de janvier 1973 que ma mère, revenant de Valaurie où elle travaillait, aura une panne de phares et devra revenir à l'aveuglette, nous plongeant ma grand mère et moi dans l'inquiétude. Elle dut rentrer vers 21h00. N'ayant pas le téléphone, ma grand-mère et moi ne savions qui prévenir et étions affolés.

8 janvier

Jean Marais est la vedette d'un feuilleton de cape et d'épée raté, « Joseph Balsamo ». Il est trop âgé pour le rôle et l'on ne retrouve pas le charme du « Capitan » ou du « Bossu ». Pourtant la série est réalisée par André Hunebelle qui a signé de nombreux films de ce genre au cinéma avec Jean Marais.

10 janvier

Si je me passe volontiers de regarder « Voyage au fond des mers », je suis attentivement la suite des « Rois maudits » dont c'est le quatrième volet : « La loi des mâles ». Même sans Muriel, la saga est passionnante et cruelle.

11 janvier

Huitième épisode des « Gens de Mogador ». En Ludivine, j'aurais bien vue Muriel à la place de Marie-France Pisier, comédienne surtout de cinéma, et qui gagne une audience populaire avec ce rôle.

12 janvier

« Columbo » se confirme, et jusqu'à la fin de sa diffusion en mars, comme un rendez-vous incontournable. Le succès est immense auprès du public français.

Aucun souvenir de « Où commence le mystère », le 17e épisode de « Match contre la vie ».

13 janvier

Très bon épisode de « Match contre la vie » : « Amnésie ». Lors d'un accident de ski en Suisse, Paul perd la mémoire et revient à San Francisco. Il retrouve sa fiancée Kate et ignore tout de sa maladie.

17 janvier

Louis Velle enchaîne avec un autre feuilleton à succès, « Docteur Caraïbes », qui se déroule comme son titre l'indique aux Antilles. Feuilleton plus policier que sentimental, servi par une superbe musique de Jack Arel dont j'achète le 45 tours, comme je l'ai fait pour « Amicalement vôtre », « Mannix », « Chaparral », « La demoiselle d'Avignon » et « Poigne de fer et séduction ».

J'aurais tant aimé que Muriel joue dans cette série à la place des partenaires de Louis Velle, Tippi Hedren puis Suzanna Leigh.

Mais l'immense choc du soir est une scène de flash-back montrant Muriel en Marguerite de Bourgogne tondue après son procès dans « Le roi de fer », et ce dans le cinquième épisode des « Rois maudits » : « La louve de France ». Même si c'est flouté et ne dure que quelques secondes, cela me fait un coup au cœur. Je ne m'attendais pas à voir surgir Muriel dans cet épisode qui se déroule surtout en Angleterre et à mon goût est le moins intéressant de la série.

18 janvier

Neuvième épisode des « Gens de Mogador » et dernier du cycle « Ludivine ». Je continue de rêver devant cette saga provençale et sentimentale.

19 janvier

Trois bons feuilletons ce jour-là : « Match contre la vie », « Docteur Caraïbes » et « Columbo ».

20 janvier

Aucun souvenir du 21e épisode de « Match contre la vie » : « La seconde chance ».

22 janvier

Début de la rediffusion d'un feuilleton de 1967 « Les habits noirs ». Beaucoup s'en extasient, alors que je n'ai qu'un intérêt très relatif pour ce film.

24 janvier

Sixième et dernier épisode des « Rois maudits » : « Le lis et le lion ». Lors de sa mort, Robert d'Artois regrette d'avoir fait étrangler Marguerite, scène qui n'est pas dans le roman de Maurice Druon. Ce qui n'empêche pas cette séquence d'être déchirante, flamboyante, et de permettre à la série de terminer en beauté.

25 janvier

Dixième épisode des « Gens de Mogador », à cheval sur la période « Ludivine » qui prend fin et le dernier cycle « Dominique » dont la vedette est Brigitte Fossey.

26 janvier

Aucun souvenir hélas du 23e épisode de « Match contre la vie » : « Valérie ».

27 janvier

Le 24ᵉ épisode de « Match contre la vie » : « Le carnaval finit à minuit » raconte comment Molly, la belle-sœur de Paul, tue accidentellement l'homme responsable de la mort de son père, un certain Larry Carter joué par le comédien Peter Lawford, un proche de Marilyn Monroe, du clan Kennedy et de Frank Sinatra. Il écrit avec son sang « C'est un accident », sauvant Molly d'une accusation de meurtre. L'intrigue se passe à Rio de Janeiro.

La saga « Les Thibault » avec Charles Vanel, que nous n'avons pas regardée, prend fin.

31 janvier

En achetant Télé Poche, je découvre une Muriel châtain (sa vraie teinte de cheveux) en photo couleur, à propos de la diffusion le dimanche suivant du film « Les risques du métier » avec Jacques Brel. On devine le choc pour moi. Muriel y est en chemise à carreaux blancs et rouges, et ses cheveux longs et adorables retombent sur sa chemise et sur son dos. Je sais que je pourrai voir sans problème le film du dimanche qui ne finit pas tard. Le temps va me paraître très long pendant les quatre jours à venir.

C'est l'extase, le bonheur absolu, et le sourire de Muriel réchauffe les frimas de l'hiver. On se croirait déjà au printemps. Muriel est le printemps à elle toute seule. Il ne se passe pas une heure, une minute, sans qu'elle me vienne en tête. Ce n'est plus de l'amour, c'est de la passion.

1er février

11e épisode des « Gens de Mogador ». Cette saga que je regarde d'un œil distrait, à moitié dans les nuages, se prête fort bien à mon humeur du moment, même si je ne goûte guère au contexte triste : la guerre de 1914. Dominique (Brigitte Fossey) est amoureuse de son cousin Numa (Paul Barge) et je m'identifie à elle. Numa représente pour elle ce que Muriel Baptiste est pour moi : son seul but dans la vie.

2 février

Dans le 26e épisode de «Match contre la vie », « Une longue poursuite », Paul doit prêter main forte en plein désert à une soldate israélienne qui traque un ancien nazi, Dave Kafka, le tout lors d'une compétition de vol à voile.

« Columbo » a de plus en plus de succès. Mais que le temps est long lorsqu'un bonheur doit arriver et que l'on en connaît la date. Vivement dimanche soir. Le rêve semble n'avoir pas de fin depuis juillet dernier. Muriel revient régulièrement sur le petit écran pour ma plus grande joie, et fait battre mon cœur. Il me semble que cela n'aura jamais de fin.

3 février

Aucun souvenir du 27ᵉ épisode des aventures de Paul Bryan : « L'inconnue de la route ». Le thème semble le même que celui de l'épisode « La fugitive ». Je regarde distraitement les programmes du soir, un Top à Charles Aznavour et l'épisode de « L'homme de fer » : « Manger, boire et mourir », puis Philippe Bouvard qui dans « Samedi Soir », son talk show reçoit Jean-Claude Brialy et Hardy Kruger.

Les heures vont être longues jusqu'au lendemain 20h40.

4 février

Mes parents doivent se demander ce qu'il m'arrive : je suis gai comme un pinson, je flotte, je ris, je suis heureux. Avant le film de Muriel, le seul programme intéressant est le premier épisode d'un feuilleton avec Mehdi, ex Sébastien de « Belle et Sébastien », « Le jeune Fabre ».

Eh puis, 20h40 arrive et le film commence. Il faut attendre très longtemps, trop longtemps, l'arrivée de Muriel, avec surprise, une coupe à la Mireille Darc. Elle est blonde sur la télé en noir et blanc et belle comme le jour avec ce look assez différent d'Annunciata et Marguerite.

Ce soir-là, j'ai cru qu'elle était restée une heure trente à l'écran alors que sa prestation ne dure que dix minutes. Je suis heureux, comblé, mes parents regardent le film silencieusement, il leur plaît, et ils sont loin de se douter que je suis au septième ciel en regardant l'objet de tous mes rêves.

A peine le générique de fin retentit-il que l'insatiable fan amoureux se pose la question : quand vais-je la revoir ?

5 février

Avec Francis, nous avons longuement commenté ce film, il était le témoin de mon attente qui n'a pas été déçue. Seul programme intéressant ce soir-là, l'épisode de « Docteur Caraïbes ».

6 février

Incendie du CES Pailleron qui devient une catastrophe nationale. Deux élèves font flamber une poubelle arrosée d'essence : il y a 20 morts dont 16 enfants. Je pense que cela aurait pu arriver à mon collège et bien entendu je suis triste.

7 février

Avec nostalgie, nous regardons l'avant-dernier épisode tourné par Raymond Souplex des enquêtes du commissaire Bourrel, « Meurtre par intérim », qui doit dater de plus d'un an puisqu'on y retrouve Pierre Brasseur.

Il n'y a rien à faire, les jours passent en cet hiver 1972-73 et je suis encore sous l'envoûtement d'avoir vu Muriel dans « Les risques du métier ».

8 février

« Les gens de Mogador » arrivent près de leur terme, c'est le 12e épisode. La guerre est finie, nous sommes en 1919, pourtant Dominique n'arrive pas à trouver le bonheur avec Numa qui n'est plus libre, revenu de la guerre avec une épouse alsacienne, Alice. Les choses se présentent bien mal pour cette pauvre Dominique.

Muriel est-elle mariée, fiancée, dans la vraie vie ? Elle ne dit rien dans ses interviews.

9 février

Aucun souvenir hélas du 29e épisode de « Match contre la vie » : « Le train de nuit pour Chicago ». « Columbo » continue de triompher chaque vendredi soir, tandis que les aventures du docteur Caraïbes, Marc Saint-Jacques alias Louis Velle vont toucher à leur fin, c'est l'avant-dernier épisode.

10 février

Déjà diffusé sur la 3e chaîne, « La porteuse de pain » débarque chaque samedi sur la Une à 18h20. A 16h20, trentième et dernier épisode de « Match contre la vie » : « L'assassin ». Paul est à la recherche d'un homme qui est atteint de la même maladie que lui, et qui veut utiliser le temps qui lui reste pour commettre un meurtre. Paul l'en empêche et le fait arrêter. La dernière réplique de Paul/Ben Gazzara face à ce meurtrier, concerné comme lui par la maladie à issue fatale est : « Oui, mais moi il me reste une chance ».

Une fin magistrale. Les samedis se suivent et se ressemblent avec les Carpentier, « L'homme de fer » et Philippe Bouvard.

Moi, je me demande quand je vais revoir Muriel !

12 février

Fin flamboyante de « Docteur Caraïbes » avec le douzième épisode qui le voit triompher de son ennemi l'homme à l'Albatros, Denniger, joué par le comédien Paul Massey, lequel comme tous les grands méchants trouve la mort dans les dernières images.

15 février

Fin également des « Gens de Mogador » bien triste : lassé de la double vie de Numa, qui part rejoindre son épouse Alice, Dominique s'enferme à Mogador et dit qu'elle n'est plus là pour personne.

16 février

Je découvre enfin Roger Moore en Simon Templar à 15h10 dans le deuxième épisode du « Saint », qui est assez différent des deux romans que j'ai. L'histoire s'appelle « Le diamant » et Roger y a le flegme de Lord Brett Sinclair. La série a commencé la veille en remplacement de « Match contre la vie », mais le jeudi, je sors du collège à 17h00.

17 février

A défaut de Muriel à la télévision, je regarde les feuilletons qui s'enchaînent ce samedi :

« Le saint » (« Intermède à Venise »), « La porteuse de pain », « L'homme de fer » (un très bon épisode avec Eve, « En service commandé », où pour la première fois la jeune femme policier est obligée de tuer un homme, en l'occurrence un adolescent).

20 février

Jour d'un grand traumatisme télévisuel pour mes treize ans : le film « Sept épées pour le roi » de Riccardo Freda, datant de 1963. On enferme un prisonnier dans une cage et on le descend dans une fosse aux piranhas. Lorsque la cage remonte, il n'y a plus qu'un squelette. Spectacle vraiment horrible, même si ce n'est que du cinéma.

23 février

Je fais la connaissance du grand comédien Donald Sutherland dans l'épisode du « Saint » : « La route de l'évasion ». Le soir, je retrouve le lieutenant Columbo dans une enquête intitulée « Le grain de sable ».

Muriel, où es-tu ? Je me désespère.

24 février

Après une nouvelle aventure du « Saint », « Les amateurs d'art », encore un excellent épisode plein de suspense de « L'homme de fer » : « Lettres anonymes », sur un joueur de base-ball menacé par un paranoïaque.

25 février

Ne captant pas la 3e chaîne, je ne peux assister aux débuts à la télévision française du détective Frank Cannon, alias William Conrad, qui sera programmé chaque dimanche à 19h35.

26 février

Henri Virlojeux, le cardinal Duèze des « Rois maudits » est tombé bien bas pour se compromettre dans cette médiocre série loufoque, « L'Alphoméga », qui chaque lundi remplace « Joseph Balsamo ». Cela me rappelle « Suivez Budart » programmé après la fin des « Dernières volontés de Richard Lagrange » en août dernier : loufoque, décalé, sans aucun sens.

27 février

Une belle soirée hommage à Fernandel qui nous manque tant, pour le deuxième anniversaire de sa mort : « A la rencontre de Fernandel », sur la première chaîne.

1er mars

Muriel monte sur scène pour jouer avec Marthe Mercadier « Les quatre vérités » de Marcel Aymé au théâtre des Variétés, à Paris. Information que je n'aurais pu mettre dans mon journal 1973 en son temps, car je l'ignorais.

2 mars

Trois feuilletons ce jour-là : « Le Saint » avec « Dalila a disparu », une aventure qui se passe à Rome, puis le premier épisode de « Anna le roi » avec Yul Brynner et Samantha Eggar. « Docteur Caraïbes » a été remplacé par « Ma sorcière bien aimée », série vue et revue, et je n'ai pas regardé. Le lieutenant Columbo nous entraîne, une fois n'est pas coutume, à Londres pour « SOS Scotland Yard ».

3 mars

Intrigue tropicale pour « Le Saint » avec « Le trésor mystérieux ». Après Roger Pierre et Jean-Marc Thibault, une enquête soporifique pour « L'homme de fer » : « Mystère à l'exposition ».

Je vis dans une attente confiante d'un lendemain avec Muriel Baptiste, de son prochain retour. C'est un peu comme si le temps était suspendu. L'inconscience de la jeunesse me fait croire qu'il y aura des lendemains forcément heureux. L'idée que tout pourrait s'arrêter ne me traverse pas l'esprit une seconde.

Treize ans est un âge enviable pour cela. Epargné par les soucis de la vie d'adulte, les problèmes financiers (que mes parents me cachent), je ne vis que pour le plaisir. Il m'importe de ne pas être malade, c'est tout. J'ignore l'âge de Muriel à laquelle je donne environ vingt-cinq ans.

Voilà sans doute la définition du bonheur. L'absence de tracas, l'amour fou pour une image, une comédienne, une femme inaccessible qui par définition ne peut vous décevoir. Rien ne me permettait de savoir que je la revoie en mars, et pourtant j'en étais persuadé.

6 mars

Des « Dossiers de l'écran » très intéressants consacrés au père Charles de Foucaud, après la diffusion d'un film de Léon Poirier de 1936. Cela évoque des souvenirs d'Algérie de ma grand-mère.

Arrivé en France à Montélimar en 1962, à l'âge de trois ans, je n'aurais jamais la nostalgie de l'Afrique du nord terre natale.

7 mars

Nouveau feuilleton sur la Une pour remplacer « Les habits noirs » : « Les messieurs de Saint-Roy », d'après un roman de Charles Exbrayat. J'ai vite trouvé cela ennuyeux et cessé de regarder. Il n'y a que des hommes dans cette série, et Muriel ni aucune autre actrice n'y aurait eu sa place.

9 mars

Une enquête du « Saint » est annoncée dans « Télé Poche » : « La pièce d'or », mais à la place, c'est une autre aventure que nous voyons intitulée « Le noyé ». Comprenne qui pourra. L'ORTF devait avoir une copie abîmée de « La pièce d'or », car le jeudi suivant, un film avec Fernandel, « Le rosier de Madame Husson » est programmé à la place d'un épisode du « Saint ».

Dans un Télé Poche de septembre 1968 que j'ai gardé, la 2e chaîne devait diffuser le dimanche soir à 20h00 un épisode du « Saint » : « Le meilleur piège », avec en invitée vedette la canadienne Alexandra Stewart. Or, un pavé barre le résumé : « A la suite d'un accident arrivé à la pellicule de cet épisode, il sera remplacé par « copies conformes », une histoire qui se passe dans le milieu de la mode ».

10 mars

C'est déjà le dernier épisode du « Saint » : « Le fugitif », une traque au nazi au Pérou avec un méchant incarné par l'excellent comédien britannique John Barrie.

Après « La porteuse de pain », je remarque Alan Stivell dans l'émission « Devine qui est derrière la porte ? » du tandem Thibault-Pierre et me promets d'aller dans la semaine acheter le 45 tours, « Tri Martolod », pour lequel j'ai eu le coup de foudre. Un air médiéval qui me fait penser aux « Rois maudits ». Cette chanson va devenir ce que l'on appelle une association d'idée. Chaque fois que je l'entendrai, Muriel me viendra immédiatement à l'esprit.

Les musiques des feuilletons de Muriel n'ont pas été éditées en disque, « Les rois maudits » est pourtant composé par un grand nom de la musique de film, Georges Delerue. Pour « La princesse du rail », le thème est la « Symphonie des chemins de fer » de Berlioz. Tristan Murail a sorti un disque 45 tours des « Dernières volontés de Richard Lagrange », mais uniquement pour le marché suisse. Donc, « Tri Martolod » devient la bande sonore de mes amours pour Muriel.

11 mars

Le soir des élections législatives, un très bon film policier sur la 2, « Brigade anti-gangs » avec Robert Hossein.

La politique ne m'intéressait pas. Je n'y comprenais rien et trouvais cela ennuyeux. Ce que j'en retenais est le fait que les retransmissions en direct de l'assemblée nationale me privait parfois des séries de l'après-midi.

12 mars

Heureusement qu'il y a cette chère « Anna et le roi » (épisode « Le mariage d'Anna »), car le reste des programmes me désole : « Les messieurs de Saint-Roy » et surtout « L'Alphoméga ». Je trouvais déjà ennuyeux à mourir « Joseph Balsamo » et les grands monologues de Jean Marais, le manque d'action, de chevauchées, mais la série avec Virlojeux que mes parents suivent, je ferais mieux de ne pas la regarder et de lire quelque ouvrage intéressant dans ma chambre.

Samantha Eggar en Anna est vraiment très belle. Je ne connais pas cette actrice. Elle a l'air sage et pas délurée comme les starlettes du festival de Cannes. Elle me fait penser un peu à Elizabeth Montgomery qui est charmante, mais dont je ne supporte plus sa « Sorcière bien aimée » que l'on nous passe les jours de grève et de pluie.

Des actrices charmantes, il en existe beaucoup, pourtant Muriel a quelque chose que les autres n'ont pas. Est-ce par ce que je l'ai découverte en premier ?

13 mars

Mes parents regardent distraitement la télé, et les frères ennemis dans « Les sans-studio ». Ils ont toujours préféré les variétés à tout le reste, même aux « Dossiers de l'écran », qui proposent le sujet « les prêtres qui quittent l'église », un sujet sulfureux. L'émission est illustrée par le film « Le défroqué » avec Pierre Fresnay.

Personne d'intéressant comme chanteur sur la Une, un film peu passionnant sur la deux, voilà des soirs où il me prend l'envie de relire « Les rois maudits » de Druon qui ont donné un coup de balai à mes ouvrages de la bibliothèque verte. Jusqu'en 1971, je raffolais de la série « Michel » par Georges Bayard, et les ai tous. Je ne dis pas que je ne les relirai pas un jour ou l'autre, mais pour le moment je suis axé sur Maurice Druon. Je n'ai pas été au-delà du deuxième volet, car mon héroïne, Marguerite de Bourgogne, n'y figure plus.

14 mars

21e enquête du commissaire Maigret, « Mon ami Maigret », avec Jean Richard et Micheline Luccioni, tournée en décors naturels à l'île de Porquerolles. Je suis la série depuis ses débuts en 1967, mais j'aimerais revoir l'épisode avec Muriel, aussi ais-je l'idée d'acheter le roman de Georges Simenon en format poche aux Presses de la Cité.

Dans la foulée d'ailleurs, possédant déjà « Le roi de fer » et « La reine étranglée », j'ai acheté « Les sultans » de Christine de Rivoyre auquel je n'ai rien compris, si ce n'est que Muriel y incarne très certainement le seul personnage féminin de son âge, Kim, et qu'elle s'y dénude. Je ne suis pas certain d'avoir envie de voir le film.

15 mars

C'est le soir de Guy Lux avec un coup de chapeau à Claude François. Il y a même une partie de l'émission consacrée à son compositeur Jean-Pierre Bourtayre, qui est aussi l'auteur de la si belle musique du générique de la série « Arsène Lupin » avec Georges Descrières.

Je n'ai pas acheté le disque 45 tours, car il n'y avait que la chanson de Jacques Dutronc, « L'Arsène », et pas le thème du générique du début.

Il est plus que temps que j'aille acheter le disque d'Alan Stivell.

16 mars

Nous avons un cours de rattrapage qui nous conduit à sortir à 16h00 au lieu de 15h00, je rate donc le premier épisode de « Chapeau melon et bottes de cuir » : « Bons baisers de Vénus ».

Je décide d'aller au centre ville de Montélimar, chez le plus grand disquaire, les établissements Abadie, que tout le monde appelle « le magasin Philips » car ils sont dépositaires de la marque, pour acheter le 45 tours d'Alan Stivell. Abadie vend des postes de télévision, tout l'électroménager et est également disquaire.

L'ayant acquis, je traverse machinalement la rue Sainte Croix et juste en face du disquaire se trouve une librairie chrétienne. Mon cœur se met soudain à battre la chamade. J'ai vu en vitrine une édition Plon de luxe, brochée grand format, des « Rois maudits », romans que je possède déjà en livre de poche.

Muriel illustre la couverture du volume 2, « La reine étranglée ». L'ouvrage coûte 28 francs, somme que je n'ai pas sur moi. Je reste un moment à bader devant la vitrine, sentant le cœur me cogner jusqu'aux tempes. Je me promets de revenir le lendemain matin avec mes économies pour acheter le livre.

Quand je dis que Muriel était partout !

En rentrant, je regarde distraitement « Anna et le roi » et le dernier épisode de « Columbo ». J'ai compris que je vivais une passion peu ordinaire, un sentiment plus fort que tout, et qui durerait éternellement.

J'ai dû faire de beaux rêves cette nuit-là, mais n'en ai eu aucun souvenir au réveil. Il va falloir que je puise dans mon argent et dissimule ce livre car il est un véritable aveu de mon amour pour Muriel.

J'ai l'impression que tout cela n'est pas le fruit du hasard, mais une suite logique de bonheurs attendus et légitimes. Au nom de quoi, je ne me pose pas la question.

17 mars

Je me précipite pour acheter « La reine étranglée » avec Muriel Baptiste, livre que je cache à l'arrivée à mon domicile. Mes parents ont dû s'étonner que je ne fasse pas la grasse matinée, enfin ma grand-mère, car ma mère est au bureau, et en complément comme elle ne peut joindre les deux bouts, fait de la comptabilité le samedi après-midi à Valaurie.

Je suis dans un état second, regardant « La porteuse de pain », découvrant « Chapeau melon et bottes de cuir » avec l'épisode « Les marchands de peur » (j'ai vu trois épisodes de cette série en 1968, grâce à mon cousin Jack sur la 2e chaîne).et enfin « L'homme de fer » (épisode « Candy » où Mark Sanger s'amourache d'une criminelle).

Bien entendu, je regarde le plus souvent mon précieux butin, caché dans mon secrétaire, dans ma chambre. Muriel n'a pourtant pas fière allure sur la photo de couverture, elle est Marguerite en pleine déchéance physique dans sa prison de Château Gaillard. Mais l'amour est aveugle. C'est encore une photo en couleur que je déniche. Le texte est évidemment le même que celui du livre de poche où j'ai collé des coupures de presse tirées de « Télé Succès » qui a hélas cessé de paraître après trois numéros.

Cette époque de ma vie marque l'apogée de ma passion pour Muriel. Je ne l'aimerais pas davantage, car c'est impossible. J'ai atteint le stade le plus intense du sentiment. Il ne descendra jamais de ce niveau. Mais aller plus loin, surpasser ce point ne peut être envisagé, on ne peut aimer plus. C'est l'échelon de la passion ultime.

Le fait d'écouter le disque d'Alan Stivell en parallèle associe définitivement cette chanson à Muriel.

18 mars

Le disque de Stivell tourne en boucle sur mon teppaz. J'ai quand même regardé Fernandel dans « Raphael le tatoué » à 17h10 sur la Une, et le 7e épisode du « Jeune Fabre », mais la télévision ne m'a pas manqué.

Cette chanson dès les premières notes me fait penser à Muriel dans « Les rois maudits ». La harpe celtique de Stivell s'accommode bien avec l'atmosphère médiévale.

Le soir, un excellent film policier de Costa Gavras avec Yves Montand, « Compartiment tueurs », que mes parents me laissent voir. Il finit à 22h10. Un très bon suspense. On y retrouve un héros de feuilleton, Claude Mann, l'aviateur de « Un taxi dans les nuages ».

19 mars

Rien à regarder à part « Anna et le roi » (« Le carillon »). Il faut subir le soir le quatrième épisode de « L'Alphoméga ». Il est surprenant que mes parents suivent sans broncher cette ânerie.

20 mars

« Les sans studio » mettent en vedette Isabelle Aubret et Alain Barrière. Il y a aussi Nicoletta, qui m'a toujours laissé indifférent mais dont j'aime fredonner les chansons, celle du jour, « Fio Maravilla », est très entraînante. « Les dossiers de l'écran » ont pour thème le juge d'instruction, illustrés par un film peu attractif, « Le dossier noir » d'André Cayatte, le réalisateur des « Risques du métier ».

21 mars

Nouveau coup de cœur en achetant Télé Poche. Je suis là, tout tremblant de bonheur, en feuilletant les pages. Muriel revient à compter du mercredi 28 mars dans un feuilleton quotidien, « Le premier juré », avec Michel Le Royer.

Je ne tiens plus sur mes jambes, mon cœur cogne dans ma poitrine. Après « Les rois maudits » et « Les risques du métier », le bonheur absolu revient. Il y a vingt épisodes et Muriel tient le premier rôle féminin. Comment décrire le bonheur qui s'empare de moi ?

C'est le printemps qui surgit dans mon cœur. Muriel Baptiste est le plus grand bonheur qui me soit jamais arrivé. Tout le reste n'a pas d'importance. Rien ne compte en dehors de l'actrice dont je suis follement amoureux.

Je suis presque plus heureux dans l'attente de voir Muriel que lorsque ses films sont programmés. L'attente procure un plaisir immense, et pousse à la rêverie, à condition qu'elle ne soit pas trop longue, et que l'on sache au bout qu'elle sera récompensée. Pour le moment, pas de problème, Muriel devait revenir en mademoiselle de La Faille, et j'ignorais tout ce feuilleton « Le premier juré » qui n'est donc que du bonus. Je remarque qu'une partie de la distribution est commune avec « Les dernières volontés de Richard Lagrange ».

22 mars

Il n'y a rien à la télé ce mercredi. Je regarde avec mes parents « Cadet Rousselle », les variétés de Guy Lux dont l'invité vedette est Michel Delpech, mais aussi les nouveaux venus de l'époque : Daniel Guichard, Alain Chamfort, Frédéric François.

Le feuilleton qui suit est « L'éducation sentimentale » d'après le roman de Gustave Flaubert. Ne pas le voir est loin d'être une privation pour moi. Aucun comédien ne m'intéresse dans cette saga qui me paraît ennuyeuse et je n'aurais pas aimé y voir figurer Muriel.

On devine que je compte les jours jusqu'au début du « Premier juré », que je ne pense qu'à cette merveilleuse nouvelle de la veille. Il ne faudrait pas cependant que cela arrive trop souvent, il faut que Muriel se fasse désirer entre deux rôles, que le fait de la voir ne devienne pas une chose banale et commune et demeure un évènement extraordinaire. Je ne dois pas être normal, mais pour l'instant, quatre mois entre « Richard Lagrange » et « Les rois maudits », puis un peu plus d'un mois entre la saga de Druon et « Les risques du métier », enfin, entre le film avec Brel et « Le premier juré » un délai d'un mois et demi, cela me convient.

J'ai peur que si elle passe plus fréquemment, elle devienne banale, et m'échappe, devenant trop populaire. Pour l'instant, quand je parle de Muriel Baptiste, personne ne sait de qui il s'agit.

23 mars

Je ne comprends rien à l'intrigue de l'épisode de « Chapeau melon et bottes de cuir » : « Remontons le temps ». Le soir, « Mission Impossible » remplace « Columbo » avec une nouvelle comédienne qui se substitue à Barbara Bain : Lesley Warren. Elle est très séduisante, mais pour d'autres motifs que Muriel, et éveille en moins, ou plutôt éveillera, des sentiments d'un genre différent de l'amour platonique. Lesley porte des mini-jupes. Je grandis en âge et bientôt certains sens vont apparaître chez moi.

J'avoue que j'aurais honte d'éprouver de tels sentiments pour Muriel, mais la vie va me faire changer d'opinion.

Trop de tabous m'entourent et il n'y a pas d'homme à la maison. Ma mère et ma grand-mère ne sont pas les sujets idéaux pour parler de sexualité.

24 mars

Trois bons feuilletons : « Chapeau melon et bottes de cuir » (« Meurtres distingués »), « La porteuse de pain », « L'homme de fer » (« La rançon », avec la belle brune Carla Borelli).

Carla Borelli, je l'ai découverte l'année d'avant dans l'épisode de « Mannix » : « Le talon d'Achille » et elle ne semble pas très connue. Dans « Mannix », il y avait une autre comédienne du genre Muriel, Jessica Walter, encore une brune. Enfin, je parle au passé puisque maintenant, je sais que Muriel est châtain.

J'aurais préféré que tu sois brune Muriel, mais dans la mesure où tu ne l'es pas, je ne vais pas chercher midi à quatorze heures. Adieu les brunes donc, et vive les femmes châtain.

25 mars

A mon grand regret, mes parents ne donnent pas l'autorisation de voir Deneuve et Belmondo dans « La sirène du Mississipi » qui se termine à 22h40. Je dois me contenter des feuilletons « Les Monroe » et « Le jeune Fabre ». Bon le meilleur est à venir pour le mercredi soir à 20h15. « Le premier juré » va commencer et m'emporter sur une vague de rêverie.

26 mars

Je suis toujours avec constance le feuilleton « Anna et le roi ». L'épisode du jour s'appelle « Le fantôme du temple ».

Avec Francis, je ne parle que du retour imminent de Muriel. Nous avons des discussions sans fin, et il fait preuve d'une patience infinie. Cela doit l'amuser, sinon il me le dirait. Je voudrais que le temps avance de deux jours et être déjà à mercredi soir.

Muriel, Muriel, tu fais battre mon cœur à tout rompre, je ne vis que pour toi, ce bonheur est trop beau. Pourtant, il ne me vient jamais à l'esprit que tout pourrait s'arrêter. On s'habitue aux bonnes choses de la vie. Quel dommage de ne pas t'avoir écrit à l'époque, mais je ne savais où m'adresser, et timide comme je suis j'aurais recommencé ma lettre mille fois. Je pensais le faire un jour ou l'autre.

27 mars

Aux « Dossiers de l'écran », je retrouve Marie-José Nat dans le film « Le journal d'une femme en blanc », deux mois après « Les gens de Mogador ». Rien de passionnant, sinon que je suis dans l'attente du lendemain, attente fébrile. Je peine à m'endormir.

Demain, Muriel sera là.

28 mars

Immense déception car Muriel n'est pas présente dans le premier épisode du « Premier juré ». C'est le tirage au sort de jurés qui doivent juger une certaine Nicole Roman, incarnée par Lise Lachenal, qui était Fabienne, la maîtresse de Jean Claudio dans « Les dernières volontés de Richard Lagrange », alors qu'ici, en tant que procureur, il aurait plutôt tendance à la persécuter. Mais bon, c'est bien joli ces présentations, il n'y a pas l'ombre d'une Muriel en vue. L'impatience extrême me gagne.

J'apprends dans Télé Poche que « Amicalement vôtre » revient le 7 avril à la place de « L'homme de fer ». Un bonheur n'arrive jamais seul, après le retour de Muriel.

L'après-midi, je regarde le dernier épisode de « Voyage au fond des mers » : « Créature de feu ». Je ne suis toujours pas intéressé par cette série dont j'aurais vu le premier et le dernier volet.

29 mars

« Le premier juré » en est au deuxième épisode, et Muriel n'a pas pointé le bout de son nez, elle n'est même pas mentionnée au générique. On peut deviner mon désappointement, je n'ai quand même pas rêvé, elle devait d'après Télé Poche faire partie de la distribution depuis l'épisode d'hier.

Je ne sais que penser. Mes parents regardent le feuilleton, sans se douter de mon immense frustration. Sur vingt rendez-vous, en voilà déjà deux de manqués avec ma comédienne adorée.

C'est de la folie. Francis en rit. Il me voit trépigner, trembler, ne pas me comporter de façon naturelle, et lui seul sait pourquoi.

30 mars

Muriel est au générique final du 3e épisode, mais on ne l'a pas vue dans celui-ci. Sans doute va-t-elle enfin arriver dans le 4e ? Je deviens fou d'impatience. Il me faudra attendre lundi, car le feuilleton n'est pas diffusé le samedi. Bon, allez, c'est bon signe, Muriel est au générique, elle ne l'était pas jusque-là.

Dans l'épisode de « Chapeau melon et bottes de cuir », intitulé « Le dernier des sept », il y a deux grandes vedettes : Charlotte Rampling, que je ne connaissais pas, et Donald Sutherland, découvert dans « Le Saint ». Je trouve Charlotte physiquement peu attirante.

Lesley Warren n'est déjà plus présente dans le deuxième épisode de « Mission Impossible », « Chico ». A vrai dire, je m'en moque un peu, tout ce qui compte est que Muriel arrive vite !

31 mars

Décès de Jean Tissier. Il ne sera pas jeté à la fosse commune grâce à la générosité de l'association « La roue tourne ». Le comédien se trouvait dans le dénuement le plus complet.

Les trois feuilletons à voir ce jour sont « Chapeau melon et bottes de cuir » (« Une petite gare désaffectée »), « La porteuse de pain » et le dernier épisode de « L'homme de fer », « Le trésor indien ».

Bouvard reçoit le champion de char à voile Christian Nau et les chanteurs Michel Delpech et Serge Fouchet.

1er avril

Je trouve le film de la 2 à 14h30 avec Jean Rochefort « Ne jouez pas avec les martiens » complètement idiot. Je suis imperméable à cette comédie de science-fiction française de 1967. Une version hexagonale des « Envahisseurs » au dessous de tout. Si c'est drôle, de voir ces martiens se faire tirer dessus et ne pas en être affecté au point de manger les balles, moi cela ne me fait pas rire.

Le film du dimanche soir « La bourse ou la vie » nous permet de retrouver Fernandel, Jean Poiret, Michel Galabru et Darry Cowl.

Mais le seul programme vraiment valable est le 9ᵉ épisode du feuilleton « Le jeune Fabre » avec Mehdi, et une Véronique Jannot à laquelle je suis totalement insensible malgré tous les articles de presse qui la vantent comme une nouvelle vedette du petit écran.

2 avril

Muriel enfin ! Muriel dans le 4ᵉ épisode du « Premier juré ». Muriel avec une chevelure abondante et frisée et un air gai en déphasage total avec la gravité des « Rois maudits » et des « Risques du métier ». Ces retrouvailles ont un goût de ravissement et de bonheur absolu. Elle m'a tant manquée. Je la dévore des yeux littéralement. Elle porte un chapeau qui n'est pas du meilleur goût, mais peu importe. Ses cheveux abondants ravissants tombent sur un imperméable qui, si la série était en couleur, évoquerait la tenue des ouvriers des ponts et chaussée.

Muriel, même mal fagotée, est la plus belle femme du monde.

Auparavant, premier épisode d'un excellent feuilleton franco-suisse en quarante épisodes, « Le temps de vivre, le temps d'aimer », écrit par Alain Quercy, qui a rédigé les dialogues de « Richard Lagrange » et joue avec Muriel dans « Le premier juré ». Les vedettes en sont Pascale Roberts et Jean-Claude Pascal. Dès les premières images, je suis captivé par cette histoire de haute tenue. Et puis le générique est illustré par une chanson, par la voix chaude de Jean-Claude Pascal, « Le temps de vivre, de regarder, fleurir les roses, mourir le jour ». Voilà un bon feuilleton !

Il est franchement dommage que Muriel n'ait pas choisi cette série plutôt que les vingt épisodes du « Premier juré », dont au passage il est important de préciser qu'elle ne participe qu'à douze numéros sur vingt. Quel gâchis !

Le lundi soir, « L'Alphoméga » se termine et peu de téléspectateurs le déploreront. Un feuilleton avec Edward Meeks des « Globe-trotters », « Le loup des mers », doit le remplacer.

3 avril

5ᵉ épisode du « Premier juré » avec à nouveau Muriel. Je suis encore une fois aux anges. Sa voix, susurrée, son sourire, ses cheveux, son visage, ses yeux. Aucune femme ne pourra jamais rivaliser avec elle.

A chaque apparition, mon cœur manque lâcher. Quelle torture divine. Tout cela est bien moins dramatique que « La princesse » et « Les rois », mais Dieu que Muriel est belle. Elle pourrait réciter l'annuaire téléphonique que je serai pareillement en extase devant le petit écran.

Les épisodes sont trop courts, environ quinze minutes. Tout cela passe trop vite, fugitif comme le bonheur.

Muriel je t'aime comme je n'ai jamais aimé et n'aimerai jamais une autre. Tu es prénommée Pierrette, et l'on t'appelle souvent « Pierrot », mais peu importe le flacon pourvu qu'on ait l'ivresse.

4 avril

Muriel est hélas absente du 6ᵉ épisode de son feuilleton. La première saison de « Daktari » est rediffusée l'après-midi à la place de « Voyage au fond des mers », il s'agit des épisodes programmés en 1969, et le premier s'appelle « Reportage à Wameru ».

5 avril

Muriel est là sous mes yeux dans le 7e épisode du « Premier juré ».

Je m'habitue au bonheur comme en juillet 1972 lorsqu'elle était deux fois par jour au petit écran. Muriel, tu es synonyme de bonheur absolu. C'est même trop fort. Cette passion me consume.

Chacun de tes regards est un délice, chacune de tes paroles une bénédiction du ciel. Tu es le Paradis sur Terre.

Je t'aime, je pense que tu le sais, enfin non, tu l'ignores, le petit écran s'interpose entre nous. En tout cas, Francis le sait, je lui en rebats les oreilles.

6 avril

Je revois « La chasse au trésor », épisode de « Chapeau melon et bottes de cuir » que j'ai vu début septembre 1968 chez mon cousin Jack. C'était, à l'époque, mon premier contact avec la série. J'adore cet épisode où l'on vous met dans une réplique d'une voiture de course de Formule 1 à l'arrêt et où sur un écran défile un film. Si vous conduisez mal et partez hors piste, vous recevez une décharge électrique.

Diana Rigg, qui incarne Emma Peel, vedette de cette série, me rappelle beaucoup physiquement Muriel Baptiste.

Puis, c'est l'émerveillement total avec Muriel dans le 8e épisode du « Premier juré ». Je ne sais plus quoi dire, quoi raconter. J'ai en face de moi, dans un personnage assez détendu et drôle, Annunciata et Marguerite réunies. C'est du bonheur à l'état pur, même si ce feuilleton est un peu indigne de toi, tu en es le seul intérêt. Ce n'est pas le seul point fort du film, mais tu aurais été mille fois mieux inspirée de jouer avec Jean-Claude Pascal dans « Le temps de vivre, le temps d'aimer » dont le scénario est bien mieux construit.

Le soir, je regarde distraitement l'épisode de « Mission Impossible » : « Le bouddha de Pékin », sans Lesley Warren et avec Anne Francis, que j'ai vue dans une aventure des « Envahisseurs » en 1971, « La soucoupe volante ».

7 avril

Pour moi, l'évènement est le retour de « Amicalement vôtre » avec l'épisode « L'un et l'autre ». Télé Poche indique qu'il n'y aura pas de troisième série, il faut profiter des neuf samedis qui arrivent.

Une journée remplie de feuilletons, à en donner le tournis : « Chapeau melon et bottes de cuir » (« Un petit déjeuner trop lourd »), « La porteuse de pain », « Le temps de vivre, le temps d'aimer ». Tout cela me permet de patienter jusqu'à lundi pour retrouver Muriel.

Je ne regarde pas « La porteuse de pain », car le feuilleton est programmé sur la Une à la même heure que sur la deux l'avant-dernier numéro de « Anna et le roi » : « L'otage », qui n'a pas été annoncé dans Télé Poche et fait l'objet d'une diffusion inopinée.

Il y le concours Eurovision de la chanson et nous ne le quittons que le temps de « Amicalement vôtre ». Anne-Marie David gagne et ma mère dit « Elle ressemble un peu à Muriel Baptiste ». Je ne fais pas de commentaires, muet, pensant qu'elle a découvert ma passion secrète. Ma grand-mère demande « C'est qui, Muriel Baptiste ? ».

Il n'y aura plus d'autres allusions de ma mère à Muriel en dehors de celle-là.

8 avril

Décès de Pablo Picasso. La télévision en fait largement écho, mais la nouvelle ne m'émeut pas.

Pas de films intéressants à la télé à part « Le jeune Fabre ».

Rien ne compte à part le fait que Muriel revient demain, enfin normalement !

9 avril

Extase complète avec Muriel dans le 9e épisode du « Premier juré », juste après avoir suivi avec attention le 7e épisode du « Temps de vivre, le temps d'aimer ».

Dans le feuilleton, Pierrette Vanier/Muriel n'est pas vraiment un personnage crucial comme Annunciata ou Geneviève Lagrange. Elle fait partie d'un trio d'enquêteurs avec Michel Le Royer et Alain Quercy, auteur-acteur. Il lui est souvent difficile de se démarquer des deux autres, même si elle a quand même des répliques et des scènes où elle est seule.

Puis c'est le début du « Loup des mers », d'après le roman de Jack London, avec Edward Meeks, infiniment plus grave que dans son rôle de Bob dans « Les Globe-trotters ».

10 avril

Paradoxe : Muriel a droit à un petit article dans Télé Poche avec une photo inédite en noir et blanc, pourtant elle ne joue pas dans le 10e épisode du « Premier juré ».

Soir de manque.

11 avril

Après avoir retrouvé « Daktari » dans une histoire qui relate les aventures du chien Prince, et le 9e épisode du « Temps de vivre », Muriel est là dans le 11e épisode du « Premier juré ».

C'est bien entendu encore un grand moment de bonheur.

12 avril

Muriel est là dans le 12e épisode du « Premier juré ». Se doute-t-elle que devant la télévision, un admirateur amoureux fou traque la moindre image d'elle ?

Muriel, s'il te plaît, choisis mieux ton prochain feuilleton, celui-là est indigne de ton talent. Si on t'enlève de la distribution, il ne reste rien du « Premier juré ».

Je rêve parfois que tu viennes m'enlever devant mon lycée, dans une grande décapotable américaine. Que tu fasses un détournement de mineur.

Je ne voudrais pas dire du mal du « Premier juré », un feuilleton avec Muriel est toujours un bonheur, mais celui-là aurait pu être cent fois mieux. On voit trop Michel Le Royer, son personnage de Patrick Le Roy qui mène une enquête de détective en marge de sa fonction de chef de juré.

13 avril

Un épisode de « Chapeau melon et bottes de cuir » particulièrement effrayant « La dynamo vivante », précède plus tard dans la soirée le 11e du « Temps de vivre, le temps d'aimer ».

Muriel est cruellement absente du 13e volet du « Premier juré ».

Retour de Lesley Warren dans le 4e épisode de « Mission Impossible » : « Butterfly ».

14 avril

« Chapeau melon et bottes de cuir » est de plus en plus violent. « Le village de la mort » a été diffusé en 1968 avec le carré blanc. Etant passé en coup de vent chez mon cousin à l'époque, j'avais seulement vu une scène de cet épisode.

Après la fin de « Anna et le roi » (épisode « Serena ») à 18h00 et le 12e épisode du « Temps de vivre, le temps d'aimer », je regarde à 21h10 le deuxième épisode de « Amicalement vôtre » : « Formule à vendre ».

15 avril

11e épisode du « Jeune Fabre ». Véronique Jannot a droit aux honneurs de la photo couleur 2e page de Télé Poche comme Muriel Baptiste en février pour « Les risques du métier ».

16 avril

Ce sont les vacances scolaires de Pâques pour une semaine.

Muriel est dans le 14ᵉ épisode du « Premier juré ». Ma journée est ensoleillée même si nous sommes à 20h15. Mon cœur l'est en tout cas.

Deux autres feuilletons passionnants : « Le temps de vivre, le temps d'aimer » et « Le loup des mers ».

17 avril

Muriel, toujours elle, dans le 15ᵉ épisode de son feuilleton. Que dire sinon que je suis scotché devant le petit écran en noir et blanc, pour un feuilleton qui n'en vaut pas la peine, mais qu'elle, Muriel, en vaut vraiment la peine. Je l'aime. Plus que jamais, et pour l'éternité.

18 avril

3ᵉ épisode de « Daktari » : « Le petit chimpanzé », suivi du 15ᵉ épisode du « Temps de vivre, le temps d'aimer ».

16ᵉ épisode du « Premier juré » avec ma chère Muriel. Rien le soir mais que demander de plus quand on a vu Muriel.

19 avril

Mon cousin Jack en octobre 1968 a essayé de nous installer sur notre vieux poste noir et blanc 819 lignes la seconde chaîne, cela n'a pas tenu longtemps, mais permis de voir l'épisode du jour de « Chapeau melon et bottes de cuir » : « Interférences », avec Christopher Lee, l'interprète de Dracula au cinéma. Ce comédien va devenir l'un des mes acteurs préférés.

Je me rappelle le scénario de l'épisode, une histoire de robots duplicatas de savants. Sans doute l'une des histoires les plus effrayantes de la série.

C'est la Sainte Emma ce jour, prénom du personnage féminin de « Chapeau Melon » : Emma Peel.

Après ces émotions, absence de Muriel dans le 17e épisode du « Premier juré ».

20 avril

Ma grand-mère me demande de l'accompagner au chemin de croix à l'église de Saint-James, la plus proche de chez nous. Je fais donc le sacrifice du nouvel épisode de « Chapeau melon » : « Miroirs », le premier avec Linda Thorson dans le rôle de

Tara King qui remplace Diana Rigg en Emma Peel.

Le soir, pas de Muriel dans le 18ᵉ épisode des aventures de Pierrette Vanier.

Lesley Warren a le bon goût d'être absente de « Mission Impossible » (5ᵉ épisode « Le code ») car mes parents regardent sur la 2 le début de la trilogie de Pagnol avec Raimu, « Marius ».

21 avril

Si Linda Thorson est très belle, je suis déçu par l'épisode de « Chapeau melon et bottes de cuir » : « Mais qui est Steed ? »

Après le 11ᵉ épisode de « La porteuse de pain » et le 18ᵉ du « Temps de vivre », je regarde le troisième de la série « Amicalement vôtre » : « Regrets éternels ».

22 avril

En Eurovision, nous regardons avec mes parents la messe de Pâques et la bénédiction de Paul VI.

Deux feuilletons ce dimanche : « Les Monroe » (« Les fantômes de la ville déserte ») et l'avant-dernier du « Jeune Fabre ».

23 avril

C'est bientôt la fin du rêve quotidien. Muriel est présente dans le 19ᵉ épisode du « Premier juré », mais le lendemain c'est la fin.

Puis, troisième volet du « Loup des mers » : « En haute mer », saga maritime de Jack London toujours aussi passionnante.

24 avril

Je refuse d'accompagner mes parents chez une amie, vague parente d'une cousine par alliance, pour voir le 20ᵉ et dernier épisode du « Premier juré », qui marque la fin des rendez-vous avec Muriel.

Je trouve l'épilogue absurde, son personnage de Pierrette part bras dessus-bras dessous avec le héros Patrick Le Roy, alias Michel Le Royer, alors que durant toute l'intrigue, le premier juré Patrick, fiancé à une autre femme, n'a montré aucun intérêt envers Pierrette.

Dans la mesure où la carrière de Muriel Baptiste marque le pas et est sur le point de s'arrêter, ce journal ne peut être une énumération de programmes télévisés. Muriel ne reviendra que le samedi 9 février 1974 dans « La double vie de mademoiselle de La Faille ».

27 avril

Mes parents regardent la suite de la trilogie de Pagnol, « Fanny », et je rate Lesley Warren dans le sixième épisode de « Mission Impossible » : « Le code ».

28 avril

Veille d'un séjour de mes parents chez des amis à Toulon, je ne raterai ni Muriel, ni « Amicalement vôtre », dont l'épisode ce soir là est « L'héritage Ozerov ».

Toulon, 29 avril

Je rate la fin du « Jeune Fabre ». Mais c'est une journée enchanteresse qui m'attend.

Arrivée à Toulon. Nous sommes chez des amis. Le père, M. Valls, me conduit sur le port et nous faisons une inoubliable balade en bateau. La mer est calme.

Le port de Toulon est impressionnant, mais nous flânons aussi dans les boutiques de souvenirs. Elles se situent vers le port de plaisance qui donne accès immédiatement au centre ville. Le port maritime et militaire sont à l'écart mais méritent le coup d'œil.

Je ne me suis pas guéri des "Rois maudits", car en passant devant une boutique, je vois un porte-clefs doré en forme d'éventail, chaque lamelle comportant une photo des environs (Bandol, etc..). Je l'accroche au passant de mon pantalon, et cela me donnera quelque temps l'illusion d'être Philippe d'Aunay avec son aumônière dans "Le roi de fer". Je porte toujours une chevalière de Notre Dame de Montligeon où est gravée la lettre M pour Muriel à l'intérieur.

Nos amis qui en reçoivent d'autres en plus de nous n'ont pas allumé la télé. Je ne sais s'ils ont la 3e chaîne, qui m'aurait permis de faire connaissance du détective Cannon pour sa dixième enquête : "Plan de vol".

Les souvenirs de Toulon valent nettement ceux des dimanches télévisés.

Le mois d'avril s'achevait et l'on allait de moins en moins parler de Muriel durant le reste de l'année. Cette-fois, l'attente serait longue puisqu'elle ne reviendra que le samedi 9 février 1974 en mademoiselle de la Faille.

Toulon, 30 avril

J'accompagne Tony, le gendre de Monsieur Valls qui m'a emmené faire une balade en mer. Tony a un salon de coiffure, mais je ne me souviens plus s'il me fit une coupe ou non.

 Dans ce Toulon printanier, je ne pensais qu'à Muriel. J'avais du soleil dehors et dans le cœur, même si j'ignorais quand je la reverrai, puisque le feuilleton "Le Premier juré" était terminé.

Des promenades au bord de mer sont plus intéressantes que de rester devant le petit écran, surtout lorsque Muriel n'y est pas.

Nous revenons à Montélimar. J'ai raté le 4e épisode du « Loup des mers » : « Une femme à bord ».

Début mai

Muriel n'est plus un amour platonique, j'ai touché mon corps en regardant sa photo de février 1973, mourant d'envie de dégrafer les boutons de sa chemise à carreaux rouge et blanc.

Comme le chante Michel Delpech, « Avant d'avoir touché mon corps, j'étais un ange ». Je ne le suis plus. C'est une évolution inévitable, et cela s'est produit en désirant Muriel et pas quelque starlette américaine.

10 mai

Terrible accident de voiture de Jean Richard « Maigret ». Il est entre la vie et la mort et une pensée bien égoïste me vient en tête : s'il meurt, l'ORTF rediffusera peut être en hommage « Maigret aux assises » avec Muriel. Pensée horrible, égoïste, que je regrette très vite, faisant des prières pour que l'acteur s'en sorte.

21 mai

Muriel joue dans « Déclic et des claques », programmé le lundi après-midi sur la Une, mais je l'ignore sur le moment car Télé Poche ne mentionne pas son nom au générique. Je le saurai plus tard en commandant d'anciens Télé 7 jours de l'année.

23 mai

Jamais je n'oublierai ce mercredi 23 mai 1973. Depuis une semaine, la photo de Jean Piat annonçait dans Télé Poche un extrait des "Rois maudits". Mais Piat joue dans six épisodes de 1h40, et Muriel ne participe qu'aux deux premiers épisodes. De plus, elle n'a de scènes avec lui que dans le deuxième épisode "La Reine étranglée".

Et soudain, après avoir regardé le huitième épisode de "Daktari" à 15h15 "Au-rendez vous des lions", voici les images qui défilèrent devant moi, scotché au poste. Ma grand-mère était chez sa sœur. J'étais seul et je vis ceci:

"Je suis le Comte Robert d'Artois"

Ce 23 mai, il y a un mois que je n'ai pas vu Muriel, depuis la fin du "Premier juré".

Bien entendu, ce mercredi 23 mai, j'eus le même choc qu'à chaque fois que je la voyais. Le cœur cognant à tout rompre, elle était là devant moi, magique et irréelle, l'objet de toutes mes pensées.

Mais cet immense plaisir n'est qu'une rediffusion de quelques minutes à peine.

3 juin

Catastrophe aérienne : un Tupolev 144 s'écrase au salon du Bourget. C'est la tragédie de l'année, reprise par tous les journaux télévisés. Six membres de l'équipage et huit spectateurs au sol sont tués.

20 juillet

Décès de Bruce Lee. Je sais qu'il fait des films de karaté et qu'il est une grande vedette, sans avoir vu aucun de ses films.

Beaune, 31 juillet (Matinée)

Me voilà parti avec mes parents pour la Normandie. Je n'ai que Muriel en tête, mais elle n'est plus présente à la télé, et hélas, elle va l'être de moins en moins.

On ne peut pas dire que les programmes TV (en dehors de la présence de Bécaud à "Bienvenue" de Guy Béart) soient alléchants, et j'aime mieux être sous le soleil des vacances de la France de 1973 que coincé devant le téléviseur.

Soirée de la chaine 1 : Bienvenue, suivi de "Au pays du roi des rois", un documentaire sur l'Ethiopie. Il y a du jazz à 22h35 dans "Jazz Session" avec Charles Toliver et son quartette.

La 2 propose les dossiers de l'écran avec la deuxième partie du film "Cléopâtre" avec Liz Taylor.

Sur la 3, les amoureux de Marie-Hélène Breillat peuvent la voir dans le téléfilm " le dialogue dans le marécage".

Les trois feuilletons sont "Les aventures Mr Pickwick" d'après Charles Dickens avec André Gilles (au secours!), "L'éloignement" avec la belle Catherine Sola (16e épisode) et "Un homme une ville" avec Christian Barbier (18e épisode).

Au soleil des routes de France, nous tombons en panne sur l'autoroute avec la Simca à Beaune (Côte d'or), une petite ville paisible.

Une durite a lâché sur la Simca et nous voilà tractés par un garagiste venus nous prendre sur l'autoroute.

Fontainebleau, 31 juillet (soirée)

Après des heures d'immobilisation de la Simca, nous repartons, et arrivons à Fontainebleau assez tard. Nous avions nos chambres retenues, mais n'avons pas mangé. Il est 21h00 ou 22h00.

Bagnoles de l'Orne, 1er août

On apprend la mort du cinéaste Jean-Pierre Melville.

Nous repartons de Fontainebleau à l'hôtel Aigle Noir après la réparation de la durite à Beaune, et arrivons pour la deuxième fois à Bagnoles de l'Orne, à la villa les lierres, pension de famille.

Je me souviens de cette pension et de son WC dans le couloir à l'étage, où était marqué "Les locataires sont priés de mettre des pantoufles silencieuses dans les appartements", et sur une autre pancarte "On est priés de laisser les WC dans l'état de propreté dans lequels on les a trouvé en entrant". Je m'amuserai avec ce texte insolite à faire un rap à la Celentano!

Je n'ai qu'une chose en tête : Muriel Baptiste. Et j'ai l'impression que la radio qui n'arrête pas de passer Sardou et "La maladie d'amour" et surtout Fugain et le Big Bazar": "Chante comme si tu devais mourir demain" le font exprès pour moi.

A Bagnoles de l'Orne, en 1973, la station thermale vivait ses années d'apogée, il y a avait des familles, des activités pour les enfants (J'y fis du poney). En 1973, je n'avais que ma chère Muriel en tête, gâté que j'étais par "Les Rois maudits" et "Le premier juré", sans parler de la première diffusion télé des "Risques du métier".

Il y avait un magasin de souvenirs donnant sur le lac, avec bracelets à tous les prénoms, et je me souviens avoir cherché sur le tourniquet présentoir "Muriel".

Ce n'était plus de l'amour mais de la rage!

A Bagnoles de l'Orne, je retrouve mes marques, avec mon loulou de Poméranie, nous faisons de grandes ballades en forêt, dans ces bois où l'on pouvait s'enfoncer en traversant la route depuis la villa les lierres. Dès lors, on se croit en plein "Thierry la fronde" ou plutôt "Les rois maudits", on est hors du temps, et je pense à Muriel.

C'était vraiment le temps du bonheur.

En vacances, j'achète Télé Poche.

Bagnoles de l'Orne, 4 août

France Dougnac est en couverture de télé poche. Elle pique un peu et même beaucoup la place de Muriel. Après les feuilletons "La malle de Hambourg" en 1972, et en juin 73 "Le Neveu d'Amérique", elle revient dans la dramatique "Freya des sept îles". A la rentrée, elle sera la vedette de la version maritime des chevaliers du ciel "La Mer est grande", mais diffusée le jeudi soir et allant au CES le lendemain, je n'aurai pas le droit de regarder.

France Dougnac est la quasi seule actrice française (avec un peu plus tard Sophie Barjac) à m'intéresser en dehors de Muriel Baptiste, puisqu'une avalanche d'actrices anglaises et américaines des années 70 squattent les feuilletons d'alors. Mais l'appréciation n'est pas la même. J'ai été et je suis toujours amoureux fou de Muriel Baptiste. Muriel suscite la passion de toute une vie, on a envie de lui chanter comme Bécaud "Je t'aimerai jusqu'à la fin du monde".

Depuis Bagnoles de l'Orne, sans télé, je ne ratai pas grand chose, je dirai seulement pour ce samedi "Le Virginien", superbe série western qui joue souvent sur le registre du mystère. L'épisode de ce soir là s'appelait "Le troupeau volé". Sinon, que des programmes sans intérêt : "Intervilles" avec Guy Lux sur la 2, un téléfilm (enfin "une dramatique") sur la Une "La bonne conscience" avec Gilles Segal, l'après midi sur la Une la rediffusion du feuilleton "Mauregard" avec Michel Subor...

A Bagnoles de l'Orne, je rêve de Muriel, pensant la retrouver à la rentrée. Je vais déchanter.

Bagnoles de l'Orne, 6 août

Grâce à Télé Poche, j'apprends les polémiques qu'entraîne la diffusion de la série "Karatékas and Co" (épisode 2 ce soir là sur la Une), qui s'avère le ratage total, et signera d'ailleurs la fin de carrière de Jean Marais.

Les programmes télé d'été sont d'un vide sidéral. Sur la 2, "La folie de Dieu aux Usa" (documentaire), sur la 3 le film "Fruits amers" (1967) avec Laurent Terzieff.

Nous avons loué des mini vélos à Bagnoles, mais ma mère fait une chute. Le frein lui ouvre la veine au poignet, il faut la transporter aux urgences. Elle n'a plus jamais essayé de faire du vélo après.

Bagnoles de l'Orne, 7 août

Le facteur vend à mes parents pour de bonnes œuvres un livre d'anticipation, « Le drame de l'an 3000 » d'Aimé Blanc. Elles n'aiment pas la science-fiction et trouvent le livre grotesque.

En cet été 1973, plus personne ne parle de Muriel, et je n'ai qu'elle en tête. Dans mon cœur, elle n'a pas de concurrence. Le dimanche, nous nous rendons à la messe, ma grand-mère, ma mère et moi, et je tombe toujours à côté d'une fille de mon âge handicapée mentale.

Je me souviens de parties de golf miniature. Le patron, au moment d'acheter des billets, se plaignait du fils du colonel qui était turbulent. Comme si mes parents savaient qui était le fils du colonel!

Bagnoles de l'Orne, 9 août

Je commence, épisodiquement, à acheter Télé 7 Jours à Bagnoles, mais on y parle de "Karatékas and Co" et pas de Muriel. Le scénariste Henri Viard s'explique dans télé 7 jours : on lui a demandé de rallonger les intrigues et de passer de 50 à 90 minutes. Cette série fait l'unanimité contre elle, les critiques pleuvent de toute part, et c'est la polémique de l'été.

Malgré le succès des rois maudits, le nom de Muriel Baptiste reste inconnu, et va l'être de plus en plus. On peut dire que j'ai vraiment gardé Muriel pour moi tout seul au delà de toute espérance, mais si je n'aurais pas aimé qu'elle devienne une superstar et m'échappe, je ne le suis souhaitais pas cet anonymat.

Je préfère l'été 73 à celui de 72 car j'ai pleinement conscience d'être amoureux de Muriel, c'est l'après Rois maudits. Elle vient de connaître le plus beau rôle de sa carrière. Et je chante ma vie comme si je devais mourir demain.

Bagnoles de l'Orne, 17 août

Je râle un peu de rater "Fortune" qui en est à sa troisième diffusion, feuilleton avec Pierre Michael diffusé le dimanche soir vers 19h30 sur la Une en 1969, mais rediffusé pendant que j'étais au lycée en 1971, sur la 2 après "Aujourd'hui madame".

Il n'est plus question de Muriel Baptiste nulle-part, ce dont je ne me rends pas compte, mettant cela sur la pause estivale.

A Tessé la Madeleine, à l'office du tourisme, se trouve une immense photo du pont de Tancarville avec la mention "Une de ces architectures qui font le prestige d'une époque".

Je vais souvent "bader" devant cette photo dans un cadre, et nous allons pour de bon voir le pont. Il en coûte 44 francs de l'époque pour faire l'aller et retour en voiture.

Bagnoles de l'Orne, 25 août 1973

C'est la dernière semaine de vacances à Bagnoles de l'Orne, mon repaire, le lundi 3 septembre, je verrai le sixième et dernier épisode de "Karatékas and Co": "Quelque part en Méditerranée".

Bagnoles de l'Orne, 1er septembre

Trajet pénible. Ma mère suit un poids lourd qui ne veut pas se laisser dépasser. Lorsqu'elle le fait, il accélère, de sorte qu'elle est obligée de se rabattre, mais un autre poids lourd dans le même sens la gêne car il colle le précédent camion. De plus, un troisième camion tente alors un dépassement. C'est une nationale avec seulement deux voies. Nous décidons après cet incident de faire une pause.

Fontainebleau, 1er septembre

Nous arrivons fatigués mais à l'heure à l'hôtel Aigle Noir.

Montélimar, 2 septembre (désormais, tout se déroule à Montélimar)

Retour de vacances et fin de la magie estivale. Muriel Baptiste ne figure dans aucun des programmes de la rentrée, ni des mois suivants.

11 septembre

Coup d'état au Chili.

A partir de ce moment, pour trouver des informations sur Muriel, j'achète, en plus de Télé Poche, chaque mercredi, Télé 7 jours.

22 septembre

« Les envahisseurs » sont rediffusés à partir du début. Il s'agit de la première saison que la France a programmée en septembre 1969.

28 septembre

Accident mortel de Fernand Raynaud

29 septembre

Retour de « Mannix » le samedi soir en deuxième partie de soirée pour une quatrième saison. La série a pris un coup de vieux revenant après « Columbo » et « Amicalement vôtre » et n'ayant plus le succès d'avant.

6 octobre

Accident mortel de François Cevert et début de la guerre du Kippour.

17 octobre

Premier choc pétrolier. On peut dire que c'est la fin des trente glorieuses.

10 novembre 1973

Dans Télé 7 jours N°707, page 10, les premières nouvelles de mon actrice depuis des mois, dont le prénom est mal orthographié : « Murielle Baptiste domestique soupçonnée du meurtre de sa patronne dans « L'affaire Bernardi de Sigoyer », crime authentique commis en 1947 ».

On devine ma joie et l'espérance retrouvée après ces mois moroses.

1er janvier 1974

Décès de Giani Esposito, chanteur-acteur.

23 janvier

Ma mère m'emmène voir Roger Moore dans son premier « James Bond » : « Vivre et laisser mourir », qui est un choc visuel pour moi, un méga-épisode de « Amicalement vôtre ». J'aurais aimé que Solitaire, sa partenaire, pseudonyme d'une française dans le roman dont est tiré le film, soit interprétée par Muriel au lieu de Jane Seymour, une débutante.

30 janvier

Le mercredi 30, je vois dans les prévisions programmes que le samedi 9 sur la Une sera diffusé "La double vie de mademoiselle de la Faille" que j'attends depuis que Muriel en a parlé dans son interview de Télé Poche en juillet 1972. J'apprends cela dans le Télé Poche ayant George Peppard/Banacek en couverture. Et c'est la catastrophe : le film avec Muriel est programmé le samedi sur la Une. Mes parents ne regardent jamais cette chaîne ce soir-là, ils détestent les dramatiques, et adorent Les Carpentier

En effet, c'est programmé à la même heure que le "Top à Joe Dassin" et le douzième épisode d'Arsène Lupin et dès que j'en parle à mes parents, à ma mère notamment, refus catégorique. Je vais rater le retour de Muriel!

C'est l'année de mes quatorze ans et l'idée me vient d'acheter un petit poste TV portable. Mais la télé était un luxe à l'époque et je ne l'aurais qu'en octobre 1975.

Un compte à rebours commence, dans l'incertitude. J moins 10. Ce jour-là, il y a "Les bannis", cinquième épisode "Je me nomme Jemal". Rien le soir : sur la Une, un magazine d'actualité, "74", sur le Royaume-Uni, et sur la 2 une dramatique avec Etienne

Bierry, "Taxi de nuit". Je ne sais plus si on captait enfin la 3.

La fin de carrière de Muriel se déroule donc dans la contrariété de la manquer.

9 février

Une grève éclate à l'ORTF et tant le Top à Joe Dassin qu'Arsène Lupin sont annulés, Lupin dont c'est le douzième épisode, "Double jeu", tiré de la nouvelle "La partie de baccara" que l'on trouve dans le recueil "L'agence Barnett et Cie", est diffusé "uniquement en Ile de France" et échappe donc à une première diffusion nationale.

Alors, d'un côté, mes parents, furieux, s'enferment dans la cuisine.

Moi heureux mais contrarié, en proie à une grande tension, je me colle devant le poste. On voit peu Muriel dans le téléfilm, au début elle fait une apparition, puis il faut attendre longtemps pour l'entrevoir.

Je l'aurais donc vue, envers et contre tout, cette double vie de Mademoiselle de la Faille, ce retour de Muriel. Mais je ne porte plus depuis longtemps (sans doute la fin de l'été 73) la chevalière avec M (pour Muriel) maladroitement gravé dedans, je ne pense plus à elle sans arrêt, son absence sans la faire sortir de ma vie, m'oblige à penser à autre chose.

C'est la fin d'une époque. Je me souviens que dans les semaines à venir, je ne pensais qu'à "Vivre et laisser mourir", James Bond, Roger Moore et Jane Seymour.

Je pense surtout que d'avril 73 à février 74, soit pendant presque un an, Muriel est restée trop longtemps absente et que cela m'a fait énormément souffrir. Francis s'aperçoit que je parle souvent de Jane Seymour et en conclut à propos de Muriel: "Tu te lasses vite!". Jane Seymour ne sera jamais une de mes actrices préférées, elle n'était liée qu'à la magie de ma découverte du film "Vivre et laisser mourir" et de l'univers de James Bond. Il n'y avait rien de plus faux que de dire que je pouvais me lasser de Muriel. Muriel est la passion de ma vie, ceux qui ne l'ont pas compris sont des imbéciles.

20 février

En achetant Télé Poche, je vois que "L'affaire Bernardi de Sigoyer" est programmé le mercredi 6 mars sur 3e chaîne. Ce jour-là, la Une propose "Le grand échiquier" avec Brassens, que mes parents n'aiment pas, et la 2 un western avec Kirk Douglas, "El Perfido", qui se termine tard. Je sais donc que je sereinement, je peux attendre le retour de ma chère Muriel.

"Les bannis", à 15h15 sur la 2, en sont au huitième épisode, "Acte de foi". Après "A dossiers ouverts", je me souviens avoir vaguement regardé la 2, "Le deuil sied à Electre", avec Michel Etcheverry, dans lequel on retrouve le rare José-Maria Flotats, Philippe V dans "Les rois maudits".

Il est évident que j'étais aux anges, et un nouveau compte à rebours commençait. Nous étions jour J moins 14 avant que ma bien aimée Muriel Baptiste apparaisse sur le petit écran

6 mars

L'après-midi, dixième épisode des "Bannis" : "La ville du refus", et sur la Une à 17h20 un "Skippy le kangourou" : "Le radeau".

Nous n'avons pas regardé l'actualité, passant sur la 3 pour voir le premier épisode de "Cannon", à 19h40, "Gardez-moi de mes amis", suivi donc de "Contre enquête : L'affaire Bernardi de Sigoyer". Télé Poche annonce un "Bernardy" avec un Y, ce qui est une erreur.

J'étais aux anges, pour la dernière fois, de voir ma chère Muriel. Je ne me souviens pas de la réaction de mes parents, qui fut sans doute indifférente. Le film lui même n'est qu'une reconstitution d'un procès criminel, et n'a rien d'extraordinaire. Je ne sais pourquoi, il fut un temps par la suite où je crus que cela faisait partie de l'anthologie "Messieurs les jurés" dont les épisodes sont bien plus longs.

Je suis heureux, mais le lendemain, les jours, les semaines, les mois suivants vont passer sans Muriel. C'est là que je vais tomber de mon nuage.

C'est une page qui se tourne, je quitte le collège pour le lycée en juin, où je vois pour la dernière fois mon ami Francis.

Muriel, que j'ai tant aimée, que j'aime encore, disparaissait du paysage audiovisuel. C'est l'une des plus grandes injustices du monde de la télévision qui survenait.

Le téléfilm passe vite, cinquante minutes. Ce n'est pas le film le plus passionnant de Muriel, on est loin d'Annunciata ou de Marguerite de Bourgogne.

C'est vraiment trop bête et trop injuste, "la vie, quelle gifle" comme aurait dit Muriel.

2 avril

Décès du président Georges Pompidou que l'on apprend en direct pendant « Les dossiers de l'écran », qui diffusait ce soir-là « L'homme de Kiev ».

25 juillet, Montélimar

Au matin, nous partons pour Bagnoles-de-L'orne, la veille j'ai vu le premier épisode de « Un curé de choc », et hélas Muriel joue dans le troisième, « Le marié s'envole ».

26 juillet, Bagnoles-de-L'orne

Muriel fait sa toute dernière apparition à la télévision française dans « Un curé de choc », et hélas je ne la vois pas. Je suis loin de penser alors que sa carrière est terminée.

© 2016, Patrick Sansano

Edition : BoD - Books on Demand
12/14 rond-point des Champs Elysées, 75008 Paris
Impression : Books on Demand GmbH, Norderstedt, Allemagne
ISBN : 9782322076451
Dépôt légal : April 2016